AF336212

# PÉTITION

## A L'ASSEMBLÉE LÉGISLATIVE.

# PROJET

# D'UN ENREGISTREMENT

## HYPOTHÉCO-MONÉTAIRE.

*On ne saurait éteindre le volcan révolutionnaire qu'en rassurant les intérêts matériels par de sages et opportunes réformes ; à leur suite renaîtraient la morale, la saine politique et la prospérité.*

## PARIS,

### CHEZ LES PRINCIPAUX LIBRAIRES.

—

### 1849.

Poitiers. — Imprimerie de COIGNARD et BERNARD.

# PROJET

## D'UN ENREGISTREMENT HYPOTHÉCO-MONÉTAIRE.

L'enregistrement des domaines, le système hypothécaire et nos moyens d'échange ne sont pas, il semble, des institutions de nature à se fondre en une seule; cependant, lorsque nous aurons montré les inconvénients des institutions actuelles, et fait connaître la nature et le mode d'application de notre projet, on ne mettra plus en doute, nous l'espérons, la possibilité d'un enregistrement des domaines, pouvant en outre avec avantage tenir lieu des hypothèques et venir merveilleusement en aide à nos moyens d'échange.

### EXPOSÉ DES MOTIFS.

Le principe d'équité qui a donné naissance à l'institution des hypothèques, ne saurait être autre que celui-ci : *Les dettes que contracte un individu doivent trouver dans la valeur de ses immeubles, sinon un payement immédiat, du moins un gage qui tranquillise le créancier sur l'avenir.* En est-il toujours ainsi? Non, puisque chaque jour nous voyons de riches débiteurs devenir ou se montrer insolvables. Notre système hypothécaire est donc actuellement une application trop incomplète du principe sur lequel il repose; de plus, il faut bien le dire, nos gouvernants en ont fait depuis longtemps une matière imposable, et conséquemment le fisc, par ses prétentions et ses exigences pécuniaires, s'oppose à ce que les hypothèques viennent en aide à nos moyens d'échange. Du reste, l'enregistrement de la propriété, sur lequel doit s'appuyer tout système hypothécaire, est également devenu, en France, une institution fiscale. Loin de nous la pensée de refuser au gouvernement les moyens de pourvoir aux charges publiques; mais nous prétendons que l'assiette de l'impôt est mauvaise, et que les conséquences de cet inconvénient sont désastreuses.

Le fléau des temps modernes, le crime à l'ordre du jour, c'est la mauvaise foi, l'abus de confiance qui nous menace de triompher partout; mais il y a pour s'en garantir des préparatifs sûrs. Nous laissons à d'autres le soin de faire la guerre à ce fléau terrible sur le théâtre de la politique, et nous entreprenons de le chasser du domaine des finances.

### CONSIDÉRATIONS IMPORTANTES.

La mauvaise foi trouve, pour prospérer, un terrain fertile dans ces transactions à crédit *trop souvent* substituées aux transactions au comptant, ce qu'il faut principalement attribuer au mauvais système d'hypothèques dont nous faisons usage. Certes c'est bien à cet état de choses que nous devons l'appel fait à la bienfaisance traîtresse de ce qu'on a improprement nommé crédit! Cette sorte de crédit devait, disait-on, venir en aide au commerce, mais en réalité elle a eu pour résultat de fournir aux consommateurs les moyens de dépenser des capitaux qu'ils n'ont jamais eus, et qu'ils ne produiront jamais. C'est donc pour soumettre, à un régime protecteur de la fortune publique, ces consommateurs stériles toujours trop enclins à *dévorer* le bien d'autrui, que nous prendrons aujourd'hui un point d'appui sur ce fait incontestable : *l'obligation hypothécaire qui spécifie nommément l'objet hypothéqué, pourvu que son montant ne dépasse pas ce que vaut son gage, a toujours été regardée comme une valeur très-réelle et très-solide.* Nous espérons par là mettre les producteurs de la richesse, les travailleurs en un mot, à même d'obtenir, sans autres garanties que la moralité et la capacité, le concours fécond du capital, qui, pour reparaître, attend qu'on le protége contre ses ennemis, dont quelques-uns, pour mieux atteindre leur victime, prirent hypocritement le titre de négociant ou celui de financier, et osèrent monter des établissements, puis singer des occupations et des habitudes de nature à inspirer la confiance. La fraude est, hélas! bien contagieuse lorsqu'elle est facile, impunie, et qu'elle passe pour ainsi dire dans les mœurs !

Soumis à de certaines conditions et s'exerçant dans une certaine sphère, le crédit est incontestablement un élément de vie pour une grande nation; mais en France le crédit n'existe que de nom : la corruption de l'esprit de justice dans la conscience de nos financiers et spéculateurs divers, la nécessité, pour tirer parti de ses capitaux, *d'encourir* des pertes inévitables, dont les entraves du régime hypothécaire entretiennent la cause, l'habitude presque générale de chercher, dans des duperies que l'on fait, une compensation à celles dont on est victime, tout cela menace de détruire la race des *honnêtes gens* et de donner le champ libre aux COMMUNISTES.

Le véritable crédit financier doit avoir pour résultat une avance pécuniaire et intéressée, faite à un homme réputé probe et intelligent qui se propose de *produire des richesses* : le crédit ne doit donc pas s'appliquer aux *consommateurs stériles* et leur fournir les moyens de faire des dépenses au-dessus de leurs ressources; le crédit doit donc avoir la prétention d'être tout à la fois un bon placement de fonds et un témoignage de la confiance qu'inspire naturellement le talent joint à l'esprit de conduite.

Est-ce la confiance qu'ils ont dans leurs nombreux chalands qui pousse nos marchands en détail à semer, sous promesse d'un payement, *trop souvent hypothétique*, leurs marchandises à droite et à gauche? À coup sûr, c'est moins là le mobile qui les fait agir que l'épidémique ambition de faire des affaires, et le désir insensé d'élever leurs dépenses de *luxe* au niveau d'un bénéfice apparent qu'ils ont la *bonhomie* de croire réel, tant est grand chez eux l'espoir qu'en vendant leurs marchandises *hors de prix*, les gens solvables payeront ainsi pour ceux qui ne le sont pas; néanmoins, à ce compte, pour 1 qui s'enrichit, 9 font éprouver des pertes aux fabricants et aux bailleurs de fonds. Du reste, aujourd'hui, depuis l'État jusqu'au simple citoyen, *personne* ne songe à la recette qu'après avoir *consommé* la dépense, c'est-à-dire que chacun cultive le *déficit*.

Si, pour rendre ses immeubles caution d'un achat qu'il ne peut solder *comptant*, le consommateur jouissait d'un mode de garantir *praticable*, les marchands vendraient moins cher, auraient plus de moralité et feraient moins souvent *banqueroute*; l'homme laborieux et régulier dans sa conduite obtiendrait toujours crédit en proportion de la confiance qu'il inspirerait. Les PARASITES se plaindraient *seuls* de cet ordre de chose : car ils ne pourraient plus *aux dépens du public* ni faire *bombance* ni élever leurs enfants avec des goûts et des talents qui, *un jour*, se trouvant en désaccord avec leur véritable fortune, leur feront inévitablement et longuement souffrir le supplice de TANTALE, s'ils n'en font de *très-dangereux* citoyens. Hâtons-nous de faire des réformes, car chaque jour, par diverses causes, s'accroît le nombre des intelligences *déraillées*; et il viendra un temps où ces *infortunés*, se trouvant les plus forts, nous imposeront leur DESPOTISME.

Pour prévenir ce malheur, pour satisfaire le vœu général, il est urgent d'adopter *l'assiette d'impôt*, la seule légitime, et de forcer par là le fisc à *renoncer* aux lois désastreuses qui pèsent sur l'enregistrement des domaines et sur les hypothèques. Alors, usant de prévoyance, nous n'attendrons pas, pour y porter remède, qu'un mal prévu se déclare, et tout titre de propriété contiendra la déclaration suivante : *le présent immeuble estimé fr.* est hypothéqué pour *les ²/₃ de sa valeur, sous forme d'une série d'obligations de rentes transférables,* qui ont été remises au titulaire, pour les conserver ou s'en servir, *s'il le juge convenable.* ( Il n'est pas besoin d'estimer tous les domaines, leur valeur relative est suffisamment connue par les rôles des contributions : cette réforme de l'enregistrement des domaines ne nécessiterait donc tout au plus qu'un travail de quelques mois !) Ces valeurs hypothécaires, dont la nation ferait à peu de frais opérer le transfert, étant destinées à se transmettre avec le plein et entier consentement des parties, concourraient fructueusement à remédier à *l'impuissance* de nos moyens d'échange.

Voilà donc, selon nous, *l'application logique* du principe d'équité sur lequel repose le système hypothécaire. Il est en effet *trop tard* pour demander un gage à son débiteur, lorsqu'on a attendu qu'il ait mangé son avoir ; c'était au moment de devenir son créancier qu'il fallait exiger le gage : or, pour qu'à l'avenir il en puisse être ainsi, il faut bien que le gage *préexiste* sous une *personnification* fractionnée, facilement portative et transférable presque sans frais. Celle que nous proposons, et que nous ferons suffisamment connaître, est d'une nature telle que, *si elle plaît au public*, son emploi constituera presque toujours un véritable payement.

Pour atteindre notre but, il nous reste deux problèmes à résoudre : trouver le mode d'enregistrement le seul légitime, indiquer l'assiette d'impôt la seule équitable.

## ENREGISTREMENT.

L'enregistrement des domaines doit être établi aux chefs-lieux de cantons sur des registres matricules. Chaque inscription doit consister essentiellement en un double exemplaire de ce contrat à *bail perpétuel*, qui existe TACITEMENT d'une part entre le possesseur légitime de chaque immeuble, seul propriétaire de la richesse, cette plus-value donnée par le travail à la matière première ; et d'autre part la commune du territoire de laquelle l'immeuble fait partie, puis la nation, lesquelles deux personnifications sociales furent de tout temps copropriétaires de la matière première. Et qui donc, de bonne foi, contesterait à la nation la propriété de la matière première ? Tous les hommes qui la cultivent ou la travaillent ne consentent-ils pas à en payer l'usufruit sous le nom d'impôt ! Et qu'est-ce autre chose, cet impôt, sinon le loyer territorial annuel, ce revenu qui appartient à tous et que le gouvernement a mission d'employer au profit de tous, pour le maintien de la sécurité et le progrès de la civilisation ?

Il n'y a et il ne peut y avoir d'autres propriétés *individuelles* que la personnalité et le produit du travail ! par cela seul qu'un homme fait agir avec intelligence ses forces physiques sur la matière, il y incarne un quelque chose qui s'appelle *richesse*, et qui est incontestablement sa propriété ; mais il n'est pas pour cela propriétaire de la matière, il en devient seulement possesseur, c'est-à-dire perpétuel détenteur ; alors cet homme, membre d'une nation, doit au gouvernement de cette nation un loyer pour la matière qu'il a entre main. Cette vérité a pour nous l'évidence d'un axiome que nous formulons ainsi : *la matière première* (le territoire) *appartient à la nation par indivis avec la commune ; la richesse aux travailleurs, à leurs héritiers, à leurs cessionnaires*. Ces principes, bien loin de contester les droits acquis, ne tendent au contraire qu'à les confirmer en les régularisant.

## ASSIETTE D'IMPOT.

Certainement il y a, pour la nation, dans le cœur des citoyens, un sentiment instinctif de parenté humanitaire, qui les porte dans la jeunesse à témoigner à la patrie une sorte d'amour filial, et à repousser, comme une injure personnelle, tout ce qui la menace dans son honneur, qui, dans la vieillesse, les sollicite à montrer pour cette même patrie une véritable tendresse paternelle, et à s'affliger de tout ce qui dégrade le caractère national ; mais ce sont là des éléments étrangers à la politique. Selon nous, la politique doit avoir pour but unique la protection des intérêts matériels du citoyen ; à la morale seule il appartient de guider le cœur des hommes ; aussi n'est-ce qu'au point de vue politique que nous dirons : Un peuple n'est pas une réunion d'associés, c'est tout simplement un groupe d'individus coexistant sur le même sol et cultivant, exploitant, *non en commun*, mais individuellement, un territoire, une matière première, dont la propriété, *mais non la possession*, est nécessairement indivise entre eux tous. Un peuple ne peut exister sans un territoire, et il ne saurait vivre *équitablement* que de l'usufruit de ce territoire, c'est-à-dire du loyer de la matière première qui le compose.

La valeur de la matière dépend de sa situation, de sa nature, des améliorations dont elle s'est montrée et se montre encore susceptible; on peut donc dire enfin que la valeur de la matière est proportionnelle à celle de l'immeuble auquel elle sert de corps.

*Le loyer de la matière première*, voilà certes une assiette d'impôt qui permettrait à nos modernes ministres des finances, après s'être fait voter des centimes additionnels, de combler le déficit du budget en s'adressant à la bourse des contribuables, au lieu de *fouiller inquisitoirement* dans les poches de quiconque jouit d'une certaine aisance, fruit de son travail ou de celui de ses parents. Le bon sens réclame pour que l'on respecte le produit du travail, si *toutefois* on n'a pas l'intention de continuer à détruire dans le cœur des citoyens ces *nobles aspirations* vers l'indépendance des besoins matériels, *sublimes efforts*, qui enfantent les hommes sobres, laborieux, économes et soumis aux lois de leur pays.

Tout impôt, qui n'est pas le loyer de la matière première, est une usurpation, une véritable spoliation. Toute somme donnée par les citoyens en dehors de ce loyer doit l'être VOLONTAIREMENT, soit comme apport dans une association PERSONNELLEMENT consentie à titre de fondation religieuse, de création philanthropique ou d'institution pour l'émancipation intellectuelle; soit sous le nom de *contributions locales* : et par là nous entendons toute dépense réellement à la charge des particuliers, mais que la municipalité entreprend elle-même et fait exécuter par adjudication, en vue de plus de promptitude, de régularité et d'économie. A cette règle générale il ne doit y avoir qu'une exception, une seule, c'est en faveur des douanes, qu'il faut conserver aux frontières, avec un tarif progressivement décroissant, jusqu'à ce qu'on ait trouvé un meilleur moyen de protéger l'industrie nationale, ou plutôt qu'elle se soit mise à même de ne plus imposer de sacrifices aux consommateurs.

Il n'y a pas que l'agriculture qui mette en œuvre la matière première; l'industrie et le commerce l'emploient également et doivent conséquemment en payer le loyer. Tous les citoyens ont, il est vrai, un égal droit, mais un *droit indivis*, de se livrer à l'industrie et au commerce; alors cette indivision fait de ce droit une *propriété nationale*, et c'est à la municipalité qu'il appartient, dans la majeure partie des cas, de concéder l'exercice de ce droit à ceux qui s'engagent à payer une patente et à se conformer à certaines conditions que, depuis longtemps et presque toujours *en vain*, réclament l'hygiène publique, la morale et l'humanité : il serait bien temps qu'on leur donnât satisfaction, car les consommateurs ne veulent plus être *floués* par la vente des subsistances sophistiquées, si nombreuses dans le commerce, et les ouvriers des grandes fabriques ne peuvent plus se résigner à descendre au-dessous de la brute.

La nation doit s'abstenir de tarifer les denrées et les produits; il lui est infiniment plus avantageux de laisser à la concurrence le soin d'y pourvoir. Du reste, par la surveillance qu'elles exerceraient, par les clauses obligatoires qu'elles imposeraient aux titulaires, et par l'application des lois pénales y relatives, les autorités municipale et nationale préviendraient toujours, *si elles le voulaient bien,* les inconvénients de la concurrence.

## MODE D'EXÉCUTION DU PROJET.

Pour donner à notre pensée la forme la plus saisissante, au lieu d'arides détails, nous avons préféré faire dresser un spécimen des principaux registres que réclamerait notre comptabilité financière: c'est notre projet mis en action. Les inscriptions consignées sur ces divers registres contiendront, du reste, toutes les explications indispensables. Qu'on veuille bien examiner ce travail avant de lire les phrases suivantes, dont nous avons restreint le nombre.

## CONCLUSIONS.

Si nous avons pris la résolution de ne pas insister très-longuement sur les avantages de ce projet, de laisser dans l'ombre quelques considérations, quelques développements complémentaires, et une foule de détails pratiques, c'est qu'avec tous ces éléments nous eussions fait un volume. Or, nous avons cru mieux faire en adressant à l'assemblée législative, sous forme de pétition, un extrait succinct de cette petite brochure d'économie politique. MM. de la chambre apprécieront, ils coucluront, ils aviseront; quant à nous, qu'il nous soit permis de formuler ci-après notre conviction :

Ces diverses réformes ramèneront la sécurité dans le commerce; elles feront refleurir l'âge d'or pour l'agriculture, le fermage et le bail à colonage partiaire, non moins ruineux pour le *bailleur* que funestes au progrès de la bonne culture, se trouvant naturellement remplacés par un mode particulier d'arrentement, qui permettra au modeste cultivateur, s'il est intelligent, laborieux, économe, de se faire sien, en en remboursant partiellement et à loisir la valeur, un domaine qu'aujourd'hui il n'améliore qu'à regret et en se plaignant de travailler au profit d'un maître, sous la dépendance matérielle et sous la suggestion politique duquel, à certains égards, il se trouve directement placé. Cette sorte de dépendance est infiniment plus supportable sans doute que l'esclavage de l'antiquité ou le servage du moyen-âge; mais il est un nouveau dégré dans le progrès que, sans inconvénients, nous pourrions aujourd'hui franchir.

Par suite de ces réformes, le pauvre trouvera partout la matière première plus que jamais accessible au bras du travailleur; par elles le riche placera ses capitaux sûrement; il en touchera, sans embarras, sans faux frais, sans retard, le revenu, dont l'administration offre de poursuivre le recouvrement. C'est bien alors que nous aurions réellement des COMPTOIRS NATIONAUX, c'est-à-dire des établissements dans lesquels chaque citoyen viendrait soit payer la rente d'un emprunt, soit toucher l'intérêt d'un capital.

ALTHIE.

# PÉTITION

## A MM. LES MEMBRES DE L'ASSEMBLÉE LÉGISLATIVE.

### ENREGISTREMENT HYPOTHÉCO–MONÉTAIRE.

---

**PROJET DE LOI.**

Voulant faire à trois institutions fondamentales l'assiette de l'impôt, les hypothèques et l'enregistrement des domaines, des réformes depuis longtemps réclamées, et qu'il est *urgent* d'accomplir, l'assemblée législative a décrété ce qui suit :

ART. 1ᵉʳ. A partir du 1ᵉʳ janvier 1850 , les registres actuels des hypothèques, et ceux de l'enregistrement des domaines seront irrévocablement fermés ; de plus, l'assiette d'impôt aujourd'hui en usage, cessera d'être en vigueur.

ART. 2. Le personnel de ces diverses administrations sera conservé, et les membres qui le composent seront pourvus d'appointements en rapport avec les fonctions qu'ils auront à remplir, après la réorganisation de services aussi importants que ceux sus-mentionnés.

ART. 3. Le ministre des finances est chargé de créer des *administrations financières cantonales* et d'organiser le nouveau service, de manière à atteindre le but que se propose la présente loi.

ART. 4. Ces *administrations financières cantonales*, agissant au nom de la France, délivreront aux possesseurs d'immeubles des titres *novels* recognitifs de la légitimité et de la perpétuité de leurs droits sur les domaines qu'ils ont entre main.

ART. 5. Le montant de la valeur de chaque immeuble, stipulé dans le titre actuel, sera mentionné dans le titre *novel*, mais divisé en deux sommes, dont l'une, égale à / de l'évaluation basée sur le rôle de la contribution foncière, sera constituée en hypothèques transférables sous forme de TALONS de RENTE TERRITORIALE, qui seront détachés d'un registre à souche, et remis au titulaire de l'immeuble pour les conserver, ou s'en servir s'il le juge convenable.

ART. 6. Ces talons, de même que les titres d'immeubles, seront transférables sur les registres des administrations cantonales, moyennant le minime droit de 10 c. par 1,000 fr. Ces *talons* de rente porteront des *coupons* d'arrérages au maximum de 4 p. %  l'an échant, pour certains talons, le 31 mars ; pour d'autres, le 30 juin, le 30 septembre ou le 31 décembre.

ART. 7. Le *coupon* annuel d'arrérage sera payé au légitime *porteur*, sans déduction, si l'impôt foncier ne dépasse pas 1 p. %, et sous retenue de moitié du surplus de la cote, si elle dépasse ce taux de 1 p. %. Ce payement sera exécuté par les soins de l'administration cantonale à laquelle on présentera le *coupon* d'arrérage, et qui se chargera, pour son compte personnel, des poursuites à exercer, s'il y a lieu, contre le véritable débiteur.

Art. 8  L'autre somme, ou le surplus de la valeur du domaine, formera un *talon* complémentaire portant aussi des *coupons* d'arrérages au maximum de 4 p. %, et soumis à réduction dans les mêmes circonstances; mais ce *talon* ne représentera qu'une hypothèque de second-ordre, et ne sera pas transmissible au même titre que les précédents, étant destiné, autant que possible, à rester entre les mains du possesseur de l'immeuble.

Art. 9. Pour jouir des avantages de la présente institution de crédit foncier, chaque possesseur d'immeuble s'engagera à payer par trimestre, les 28 février, 31 mai, 31 août, et 30 novembre de chaque année, sur toute la valeur estimative de son domaine en total, un minimum de 4 p. %, plus toute la cote d'impôt foncier jusqu'à concurrence de 1 %, et, en outre, la moitié du surplus de cette cote, si elle dépasse ce taux: on recevra en payement les *coupons* près d'échoir.

Art. 10. Les domaines seront réestimés tous les 30 ans, et les feuilles de *talons* renouvelées tous les 10 ans. Les *talons* seront au capital de 1,000 fr.; mais il y aura des *talonneaux* ou petits *talons* au capital de fr. 100.

Art. 11. A partir du 1er janvier 1850, tous les impôts indirects, sauf celui des douanes, seront supprimés, et le revenu de la nation consistera essentiellement dans la perception de l'usufruit de son territoire, c'est-à-dire du loyer de la matière qui le compose : car, quant à la richesse, cette *plus-value* donnée par le travail à la matière première, elle appartient *exclusivement*, comme chacun sait, aux travailleurs, à leurs héritiers, à leurs cessionnaires.

Dorénavant donc le fisc, quittant ses ténébreux sentiers, réclamera franchement et directement chaque année, sous le nom d'impôt foncier et sous celui de patente, aux légitimes possesseurs du territoire national, le loyer de la matière qui le compose, matière dont la valeur est proportionnelle à celle de l'immeuble auquel elle sert de corps ; mais au préalable, tous les ans, le taux de ce loyer sera fixé par un vote de l'assemblée des *mandataires* du peuple. La perception du revenu territorial sera confiée aux soins des *administrations financières cantonales*.

Art. 12. Comme par le passé, tout créancier pourra actionner son débiteur en payement d'une dette; mais il ne pourra plus prendre inscription sur un immeuble. Les hypothèques légales n'existeront plus, et la garantie exigée sera fournie au moyen d'un dépôt de TALONS de RENTE TERRITORIALE.

*Puisse, Messieurs nos mandataires, cette pétition provoquer de sages réformes.*

A.

Rentes Territoriales.

**Souche n°**

___

**Commune**

d

___

**Canton**

d

___

**Département**

d

___

*Année*

*Valeur fr.*

TALON N°

*du titre n°*

___

Le possesseur de
l'immeuble,
M.

RENTES TERRITORIALES.

# RENTE 4 P. % AU CAPITAL DE Fr. 1,000.

___

# TALON

## TRANSFÉRABLE.

Le possesseur du domaine de
reconnaît devoir au légitime propriétaire
de ce talon une rente perpétuelle au capital de fr. 1,000 hypothéquée sur ledit
domaine.

Ce talon qui porte le n°   a été créé le
     18     en exécution des clau-
ses et conditions insérées en un titre de
propriété enrégistré au bureau cantonal
de        dépt. de        sous le n°

Cette feuille de talon sera renouvelée
tous les 10 ans, et chaque année le porteur en détachera, à son échéance, un
coupon d'arrérage payable dans un quel-
conque des bureaux cantonaux : c'est un
maximum de 4 % d'intérêt, soumis à
retenue de moitié du surplus de la cote
d'impôt foncier, dans le cas où cette
cote dépasserait le taux de 1 %.

Le présent talon sera transférable sur
les registres des administrations cantonales, moyennant 10 c. par 1,000 fr.

P.        le        1851

*Le possesseur de l'immeuble,*
M.

Pour contrôle :
*Le directeur comptable du canton,*
M.

| | | | |
|---|---|---|---|
| 1860. B. P. fr. 40.<br>*Bon pour quarante francs, qu'une des ad-*<br>*ministrations cantonales payera, pour mon*<br>*compte, le 31 déc. 1860, au légitime por-*<br>*teur du présent, sous déduction de moitié de*<br>*cette portion de la cote d'impôt foncier excé-*<br>*dant le taux de 1 p. 0/10.*<br>P. le 1851.<br>*Le possesseur du titre d'immeuble, n.*<br>TALON N.     M. | | 1855. B. P. fr. 40. | |
| 1859. B. P. fr. 40. | | 1854. B. P. fr. 40. | |
| 1858. B. P. fr. 40. | | 1853. B. P. fr. 40. | |
| 1857. B. P. fr. 40. | | 1852. B. P. fr. 40. | |
| 1856. B. P. fr. 40. | | 1851. B. P. fr. 40. | |

# ENREGISTREMENT

ENREGISTREMENT

DE LA

## PROPRIÉTÉ TERRITORIALE DE FRANCE.

———

*Canton d*

*N°*      *du registre matricule année* **185**

———

### TITRE DE PROPRIÉTÉ

*DU DOMAINE DE*

———

    La nation française, jugeant utile de reconnaître par ac-
tes authentiques la légitimité et la perpétuité des droits de
tous les possesseurs d'immeubles sur les domaines qu'ils
ont entre main, a, par ces présentes, assistée du concours
de la commune de        donné à **M.**
un titre *novel* recognitif de ses droits sur le domaine de
       présentement estimé positivement la somme
de fr. 40,000, plus environ celle de fr. 20,000. soit fr.
60,000. Ce domaine se compose des parcelles n$^{es}$
du plan cadastral de la commune de      canton de
       département de      lesquelles offrent
ensemble une contenance de     hectares.
    De son côté M.
reconnaît devoir annuellement, pour le loyer de la matière
première qui sert de corps à sa richesse dans le présent
immeuble, et dont la propriété, mais non la possession,
appartient incontestablement à la commune et à la nation,
comme faisant partie de leur territoire, l'impôt foncier
de    p. % qui sera voté par les assemblées, produit du
suffrage universel.
    DE PLUS. La nation française propose à M.
qui l'accepte aux conditions ci-après énoncées, de faire
participer son domaine aux avantages d'une vaste institution de *crédit foncier*, créée pour satisfaire les besoins de
l'époque :
    1° La valeur de fr. 40,000 faisant partie de l'estimation
du présent domaine est et demeure hypothéquée sous
forme de 40 *Talons* de rente territoriale, qui ont été détachés d'un registre à souche et remis au possesseur sous-
signé pour les conserver ou s'en servir s'il le juge convenable;

2° Ces talons, de même que les titres d'immeubles, sont transférables sur les registres des administrations cantonales, moyennant le minime droit de 10 c. par 1,000 fr. Ces talons portent des coupons d'arrérages au maximum de 4 p. % l'an, échéant pour certains talons, le 31 mars; pour d'autres, le 30 juin, le 30 septembre ou le 31 décembre;

3° Le coupon d'arrérage sera payé chaque année au légitime porteur, sans déduction, si l'impôt foncier ne dépasse pas 1 p. % et sous retenue de moitié du surplus de la cote, si elle dépasse ce taux de 1 p. %. Ce payement sera exécuté par les soins de l'administration cantonale à laquelle on présentera le coupon d'arrérage, et qui se charge pour son compte personnel des poursuites à exercer, s'il y a lieu, contre le véritable débiteur;

4° Les 20,000 autres francs, qui complètent la valeur du domaine, forment un talon complémentaire portant aussi des coupons d'arrérages au maximum de 4 p. %, et soumis à réduction dans les mêmes circonstances; mais ce talon n'est pas transférable; il est destiné à rester autant que possible entre les mains du possesseur de l'immeuble;

5° Le possesseur de l'immeuble s'engage à payer par trimestre, les 28 février, 31 mai, 31 août, et 30 novembre de chaque année, sur toute la valeur estimative du présent domaine en total un minimum de 4 p. %, plus toute la cote d'impôt territorial jusqu'à concurrence de 1 p. %, et de plus la moitié du surplus de cette cote, si elle dépasse ce taux; on recevra en payement les coupons près d'échoir;

6° Le présent domaine sera réestimé tous les 30 ans et les feuilles de talons renouvelées tous les 10 ans. Si on le juge convenable, des talons au capital de fr. 1,000 pourront être convertis en talonneaux ou talons au capital de fr. 100.

Fait en double exemplaire, à P          le          185

*Le possesseur de l'immeuble,*

**M.**

Pour la nation :

Par ordonnance présidentielle ,          Pour la commune :

*Le préfet du département,*

**M.**

Pour contrôle :

*Le directeur comptable du canton,*

**M.**

## PERCEPTION

des revenus privés et publics.

⚹

### Souche nº

⚹

ANNÉE 185

—

**Doit M.**

4 p. °/o sur fr.     fr.

*Impôt foncier*

*Patente*

*Impositions locales*

        fr.

**Sommes payées.**

*Le*          fr.

*Le*          fr.

*Le*          fr.

*Le*          fr.

        *Fr.*

QUITTANCES DU PERCEPTEUR.

---

1851. — 4e TRIMESTRE.

### PERCEPTION DES REVENUS PRIVÉS ET PUBLICS.

*Reçu de M.*
*la somme de*
P.                le                    1851.
                        Bon pour quittance :
                        *Le directeur comptable du canton,*

S. Nº

1851. — 3e TRIMESTRE.

1851. — 2e TRIMESTRE.

1851. — 1er TRIMESTRE.